ISBN: 9798377171188

Paweł Komoszewski

Silne, zdrowe i stabilne poczucie własnej wartości

Silne, zdrowe i stabilne poczucie własnej wartości. Prosty sposób autoterapii z zastosowaniem hipnozy.

Dedykuję tę książkę wszystkim tym, którzy cierpią z powodu niskiego poczucia własnej wartości.

Dziękuję wszystkim ludziom,
którzy stanęli na mojej drodze,
tworząc mnie takiego jakim jestem.

"Wszystko, co irytuje nas w innych
może nas zaprowadzić
do zrozumienia samego siebie."
- *Carl Jung*

"Sukces nigdy nie jest ostateczny.
Porażka nigdy nie jest totalna.
Liczy się tylko odwaga".
- *Winston Churchill*

Silne, zdrowe i stabilne poczucie własnej wartości

Zacznij teraz!

"Sukces nigdy nie jest ostateczny. Porażka nigdy nie jest totalna. Liczy się tylko odwaga."
Winston Churchill

"Wszystko, co irytuje nas w innych może nas zaprowadzić do zrozumienia samego siebie."
Carl Jung

Spis treści

"Sukces nigdy nie jest ostateczny. Porażka nigdy nie jest totalna. Liczy się tylko odwaga."
Winston Churchill

Na początek...

Czym jest poczucie własnej wartości?

To, w skrócie, ocena samego siebie. Ma ono ogromne znaczenie w naszym życiu. Ma bowiem wpływ na nas samych, nasze relacje rodzinne, zawodowe i towarzyskie. Kształtuje nas, pozwalając bardziej lub mniej odczuwać satysfakcje w różnych sferach życia. Na pewno się ze mną zgodzisz, że lepiej i łatwiej się żyje gdy człowiek jest zadowolony, a jeszcze lepiej gdy jest zadowolony z siebie. Do tego zadowolenia niezbędne jest właśnie odpowiednie poczucie własnej wartości. To ważne, żeby umieć je określić i zmienić, gdy będzie zbyt niskie.

Każdy z nas bywa czasem niepewny siebie. Bywa, że wątpimy w swoje umiejętności albo myślimy o sobie w negatywny sposób. Problemem jest sytuacja, gdy to „czasem" zdarza się coraz częściej i częściej, aż staje się smutną codziennością. Ta niepewność, wątpliwość w siebie, to właśnie niskie poczucie własnej wartości. Uprzykrza życie, powoduje, że staje się nieznośne, pełne niepowodzeń lub wręcz bolesne, wpływa niszczycielsko na kontakty z innymi ludźmi.

Jeżeli podejrzewasz, że możesz mieć problem z obniżonym poczuciem własnej wartości lub też jeśli nie masz pewności czy problem dotyczy właśnie ciebie, ale chciałbyś zagłębić się w to zagadnienie, ta książka może być dla ciebie pomocna.

Oddaję w twoje ręce poradnik, z którego dowiesz się jak się

"Wszystko, co irytuje nas w innych może nas zaprowadzić do zrozumienia samego siebie."
Carl Jung

objawia, skąd się bierze i jak na ciebie wpływa niskie poczucie własnej wartości, a także, w którym znajdziesz wskazówki jak wzmacniać poczucie własnej wartości oraz sugestie, które pomogą ci zmienić nastawienie do otaczających cię problemów. Książka zawiera również przyjemne i dające efekty zadania i zachęty do dalszej pozytywnej zmiany.

A więc...po kolei....

Czym jest poczucie własnej wartości? To, jak już wspomniałem, ocena samego siebie. Naukową definicją nie będziemy się tu zajmować. Nam przecież chodzi o poznanie problemu i działanie, które pozwoli osiągnąć silne, zdrowie i stabilne poczucie własnej wartości.

Poniżej przedstawiam ci typowe objawy niskiego poczucia własnej wartości. Zapoznaj się z nimi. Pomyśl o nich, o sobie. Może któreś z nich są właśnie „twoje".

Odczuwasz do siebie złość.

Masz ochotę ukarać siebie w jakiś sposób za to, co się stało. Obraźliwie się do siebie odnosisz, oczerniasz przed sobą, często również na głos w obecności innych. Stosując taki sabotaż, przestajesz widzieć opcje i możliwości zmiany na lepsze. Nie wierzysz w siebie i nie podejmujesz działań.

Użalasz się nad sobą.

Siedzisz, płaczesz, żalisz się wszystkim i szukasz osób, które poklepią cię po ramieniu i powiedzą: „tak, rzeczywiście jest słabo". Nie szukasz rozwiązań, nie bierzesz odpowiedzialności za to, co się stało. Zrzucasz całą winę na los i odczuwasz niesłuszne i złe traktowanie.

Wcielasz się w rolę ofiary.

Spodziewasz się zawsze najgorszego, dlatego nie podejmujesz żadnego większego wysiłku, aby to zmienić. Rola ofiary sprawia, że odczuwasz bezsilność i nie szukasz rozwiązań. I tak błędne koło się nakręca.

Nieświadomie popełniasz błędy.

Wszystko po to, aby twój obraz był pełny i prawdziwy, a nawet by sobie później przyklasnąć i stwierdzić: "To było oczywiste, że mi się nie uda!". W ten sposób twój obraz staje się samospełniającym się proroctwem.

Odczuwasz nienawiść do siebie.

Sabotaż, czyli dystans do siebie, nagłe wybuchy gniewu, samookaleczenia, tendencje do nałogów i wewnętrznych dialogów, w których słyszysz, że jesteś bezwartościową, żałosną, słabą istotą. Uważasz, że nic ci nie wyjdzie i zasługujesz na takie złe traktowanie.

Nie wierzysz w siebie.

Dostrzegasz możliwości i szansę na zmianę, ale twoje barwne opowiadanie kończy się hasłem: "Ale i tak mi się to nie uda. Nie mam szans".

"Wszystko, co irytuje nas w innych może nas zaprowadzić do zrozumienia samego siebie."
Carl Jung

Udajesz, nie jesteś sobą.

Boisz się pokazać, kim jesteś, bo boisz się odrzucenia, niezrozumienia. Wolisz być kimś innym, co nie jest z tobą zgodne, przez co czujesz się jeszcze gorzej.

Boisz się odrzucenia.

Wciąż poszukujesz w towarzystwie potwierdzenia jaką to jesteś fajną, miłą i super osobą. Dobrze jest tylko wtedy, kiedy każdy cię lubi i akceptuje. Jeśli ktoś coś powiedział za twoimi plecami, ktoś się nie zaśmiał dostatecznie mocno z twojej anegdoty, nie czujesz się wystarczająco dobrą osobą a swoje żarty nagle uważasz za beznadziejne suchary.

Krytykujesz się.

Bierzesz na siebie zło całego świata. Małe potknięcie jest dla ciebie ogromną porażką ludzkości i już nic więcej zrobić się nie da. Takie wmawianie sobie: "Gorzej już być nie może" i "Wszystko to moja wina".

Nastawiasz się negatywnie do działania
- czarnowidztwo.

Zakładasz, że lepiej się nie spodziewać dobrego, bo później się rozczarujesz. Lepiej się (jak to często słyszę) "miło zaskoczyć". W związku z tym na spotkanie idziesz z nastawianiem typu: "Pewnie i tak go nie przekonam, nie umiem przecież sprzedawać". W ten sposób ciężko o sukces.

"Sukces nigdy nie jest ostateczny. Porażka nigdy nie jest totalna. Liczy się tylko odwaga."
Winston Churchill

Masz wiele niedokończonych spraw.

Oprócz niedokończonych spraw, celów wykonanych w 1/3 masz również niedokończone rozmowy z ważnymi dla ciebie osobami, niejasne relacje i sytuacje. Ze wszystkim gonisz, nie wiesz co jest dla ciebie ważne, bo na to też nie masz czasu.

Stale się porównujesz z innymi.

To nie prowadzi do niczego dobrego. Niewątpliwie chcesz być osobą profesjonalną, co niestety może być równoznaczne z perfekcjonizmem. To droga donikąd.

Z twoich porównań wynika, że nie masz nic ciekawego do zaoferowania światu, a twoja obecność na nim jest mało znacząca. Nie czujesz sensu życia i odczuwasz zagubienie. Przez to zmniejszasz wobec siebie wymagania, a twoje ambicje idą w dół. Na ostatniej prostej w ogóle już nic nie robisz i niczego od siebie nie wymagasz. Przechodzisz w letarg, jak świstak, wycofujesz się w relacjach, zaniedbujesz swoje potrzeby, może nawet do takiego stopnia, że nie dbasz zbyt o podstawową higienę, higienę snu lub posiłki.

Wszyscy kłamią na twój temat.

To twoje przekonanie - gdy ktoś prawi ci komplementy lub jest szczerze tobą zainteresowany, to sądzisz, że na bank ściemnia! Nie wierzysz w komplementy i sam ich nikomu nie mówisz.

Odczuwasz niepokój i lęk.

Lęk i niepokój to jedne z najbardziej podstawowych i charakterystycznych przejawów niskiego poczucia własnej

"Wszystko, co irytuje nas w innych może nas zaprowadzić do zrozumienia samego siebie."
Carl Jung

wartości. Odczuwasz niepokój, nie ufasz sobie, innym. Nie bez przyczyny mówię o niepokoju. Strach można określić, jest związany z czymś konkretnym. Niepokój jest niezidentyfikowany. To takie przeczucie, uczucie, że coś, gdzieś czyha. Często to słyszę podczas sesji. To z kolei powoduje, że stronisz od jakiegokolwiek, choćby minimalnego przejawu ryzyka, czy po prostu kroku naprzód.

Boisz się poznawać siebie.

Nie poświęcasz sobie ani chwili. Zawsze masz wymówkę, że nie masz czasu myśleć, albo złote hasło, pasujące zawsze: „Nie wiem" i w tej chwili kończy się czas na poznawanie siebie.

Sterują tobą emocje.

Emocje tobą rządzą. Nie wiesz dlaczego się pojawiają, jak odpowiednio reagować i skąd pochodzą. Uważasz, że istnieją negatywne emocje i one najczęściej nad tobą panują.

Odczuwasz zdezorientowanie.

Nie masz celu w życiu, nie znasz swoich wartości, nie wiesz co dla ciebie ważne. No bo skąd masz wiedzieć, gdy po pierwszym „nie wiem" kończysz z sobą rozmowę.

Nowe jest złe, a zmiana przerażająca.

Nie lubisz nowości, kiedy nie wiesz, co się może zdarzyć, męczy cię to i obawiasz się najgorszego.

Koncentrujesz się na poszukiwaniu potwierdzenia, że jesteś niewystarczająco dobrą osobą.

"Sukces nigdy nie jest ostateczny. Porażka nigdy nie jest totalna. Liczy się tylko odwaga."
Winston Churchill

Energię wydatkujesz na utwierdzaniu się w przekonaniu, że nie dasz rady. Szukasz negatywnych opinii innych, ich dezaprobaty i oznak zbliżającej się wielkimi krokami porażki.

Kurczowo trzymasz się opinii innych.

Twoja własna opinia nie jest według ciebie ważniejsza od opinii innych. Jesteś osobą podatną na postawy, filozofię i uwagi osób z twojego otoczenia.

Które opisy dotyczą ciebie? Ile ich jest?

Jeśli choć jeden z nich jest ci bliski, to warto nad tym popracować. Poczucie własnej wartości wpływa na całe twoje życie prywatne i zawodowe, na postrzeganie siebie, rodzinę, ludzi wokół ciebie i świat.

Niskie poczucie własnej wartości to problem psychologiczny, którym należy się zająć tak szybko, jak to tylko możliwe.

Bez odpowiedniej interwencji, utrudni ci odczuwanie szczęścia i prowadzenie spełnionego życia.

Koniecznie zapoznaj się z dalszą częścią poradnika - programem terapeutycznym mojego autorstwa pod nazwą "Silne, zdrowe i stabilne poczucie własnej wartości". To będzie twoja podstawa do działania, która pomoże ci zbudować właściwe poczucie własnej wartości.

"Wszystko, co irytuje nas w innych może nas zaprowadzić do zrozumienia samego siebie."
Carl Jung

Program krok po kroku przeprowadzi cię przez proces poznania, zrozumienia, budowy i wzmocnienia poczucia własnej wartości. Służyć temu będą różne ćwiczenia, także te z wykorzystaniem hipnozy.

A dla osiągnięcia jeszcze lepszych efektów terapeutycznych zachęcam cię do kontynuowania terapii i skorzystania z programu: "+ Potężna motywacja".

Znajdziesz w nim wiele praktycznych wskazówek i inspirujących historii, które pomogą ci odkryć co jest dla ciebie naprawdę ważne, jak znaleźć motywację do działania, a także ćwiczenia, które wzmocnią twoją wewnętrzną siłę i przekonanie, że możesz osiągnąć swoje wymarzone cele.

"Sukces nigdy nie jest ostateczny. Porażka nigdy nie jest totalna. Liczy się tylko odwaga."
Winston Churchill

21

Historia z życia ...

Opowiem ci teraz pewną historię z życia dwóch mężczyzn. Obrazuje ona nasze możliwości w rozwoju osobistym, możliwości do osiągania zdrowego poczucia własnej wartości.

Adam i Patryk są rówieśnikami. Uczęszczali do tej samej szkoły. Obaj działają w branży turystycznej – zajmują się sprzedażą ofert podróży dla różnych grup klientów o różnych zasobach finansowych.

"Patryk to jest szczęściarz" - powiedział Adam do swojego kolegi. "No po prostu szczęściarz. Ma szczęście! Nie to co ja." Właśnie w ten sposób powstało usprawiedliwienie sukcesów i ciężkiej pracy kolegi oraz porażek własnych Adama.

Następnie Adam zaczyna czytać gazetę i trafia na artykuł, w którym zamieszczone są informacje o słabej koniunkturze i spadku zainteresowania wycieczkami rodzinnymi w wyniku trudnych sytuacji finansowych rodzin.

Adam wykrzykuje: "Wiedziałem, że tu jest jakiś większy problem!"

Jednocześnie zgadza się z tą informacją, ponieważ w okresie ostatnich miesięcy sprzedał zaledwie kilka wycieczek.

Kontynuując czytanie gazety, zamówił kolejny kubek kawy i rozpoczął czytanie kolejnych przytłaczających go artykułów.

"Sukces nigdy nie jest ostateczny. Porażka nigdy nie jest totalna. Liczy się tylko odwaga."
Winston Churchill

Gdy zakończył poranny rytuał w swoim ulubionym miejscu, gdzie śniadania są serwowane do godziny jedenastej, wstał ociężały i udał się do pracy. W swoim biurze pojawił się (jak zwykle miał w nawyku to czynić) około godziny dwunastej. Po uruchomieniu komputera zaczął oczywiście od sprawdzenia poczty e-mail. "Jak zwykle" — mówi: "Tylko jedna wiadomość" i chwyta się za czoło w geście załamania. Wiadomość ta była wysłana dzień wcześniej, po południu, jak już nie było go w biurze. Po czym nasz bohater postanowił odwiedzić kolegę i uciąć małą pogawędkę o tym, jak słabo idzie sprzedaż wycieczek. Oczywiście argumentował to, czerpiąc informacje z porannej gazety. Po czym rozgoryczony powrócił do biurka i rozpoczął pisanie e-mail z ofertą wycieczek. Zaczął przeglądać katalog i wyszukiwać właściwą ofertę dopasowaną do swojego potencjalnego klienta. W trakcie tej ciężkiej pracy ogarnęło go zmęczenie, a że był to już czas na posiłek, odłożył pisanie wiadomości i wybrał się coś zjeść. Oczywiście udał się do swojego ulubionego miejsca, gdzie już są serwowane dania z karty popołudniowej.

Pomyślał, że nawet świetnie się składa, bo w tym czasie może przyjść jeszcze kilka zapytań e-mail i będzie mógł odpowiedzieć na wszystkie jedną wspaniałą wiadomością, mając dzień z głowy.

Po godzinie piętnastej powrócił do biura, uruchomił ponownie komputer i oczywiście sprawdził pocztę e-mail, w której ku jego zdumieniu była wiadomość z prośbą o ofertę wycieczki. Niestety rodzina ta była zainteresowana obszarem bardziej

"Wszystko, co irytuje nas w innych może nas zaprowadzić do zrozumienia samego siebie."
Carl Jung

egzotycznym, znacznie innym niż rodzina z poprzedniej wiadomości.

Traktując priorytetowo i biorąc pod uwagę kolejność napływowych zapytań, kontynuował swoją ofertę do klienta, który przesłał mu wczoraj zapytanie. Jednocześnie postanowił odpowiedzieć na dzisiejsze zapytanie jutro, również w pierwszej kolejności.

Przygotowaną ofertę w końcu mógł wysłać i zakończyć dzień pracy. "Wreszcie będę mógł odpocząć" — mówi. Spogląda na zegarek, jest godzina 17:30. Zostało jeszcze 30 minut do zamknięcia biura. Postanawia więc zrobić małą przechadzkę po pokoju i opowiedzieć o złej koniunkturze, która jest przecież całą przyczyną i wszelkim powodem, niskiej sprzedaży wycieczek rodzinnych. Ponieważ Adam nie wyłączył jeszcze komputera, wraca za biurko i ku jego zdziwieniu okazuje się, że jest odpowiedz na ofertę, którą przed chwilą w pocie czoła przygotowywał. Postanawia sprawdzić wiadomość.

Wiadomość brzmi następująco: "Dobry wieczór. Bardzo dziękuję za ofertę, jednakże skorzystaliśmy już z innej oferty. Życzę miłego wieczoru."

Rozgoryczony Adam udaje się do domu. Jest wręcz wściekły na cały świat, przygnębiony, wszystko widzi w czarnych barwach i nie dostrzega żadnego sukcesu z przeszłości.

Adam tworząc oferty, kontaktując się z klientami robi to bez przekonania i z wielkim roztargnieniem. Na klientów działa to zniechęcająco. Sytuację dodatkowo nakręca jego złe samopoczucie. Odczuwa zmęczenie zarówno fizyczne, jak i psychiczne, a jego stan finansowy wygląda opłakanie. Dzieje się coraz gorzej. W końcu traci on wszelkie chęci do pracy i zaczyna wpadać w stan depresyjny, lęki nasilają się.

Patryk, kolega Adama, o którym wspomniałem na początku, ma mnóstwo klientów, zarówno stałych, jak i jednorazowych. Zarabia bardzo dobrze i nie ma żadnych problemów ze znalezieniem klientów. Nierzadko nowi klienci proszą o przygotowanie ofert właśnie przez Patryka, ponieważ ich znajomi już korzystają z jego usług.

Adam działa przeciw sobie, nie ma wiary we własne możliwości i postrzega siebie jako ofiarę systemu i okoliczności. Nie traktuje ogólnych problemów finansowych społeczeństwa jako bodźca do systematycznej, wytrwałej i cierpliwej pracy. Brakuje mu jakiejkolwiek motywacji i nawet nie stara się, aby odnaleźć motywację do działania.

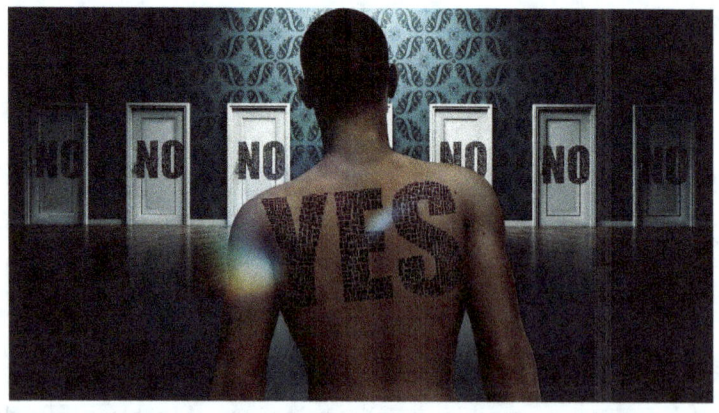

"Wszystko, co irytuje nas w innych może nas zaprowadzić do zrozumienia samego siebie."
Carl Jung

Patryk natomiast widzi siebie jako zwycięzcę, jest również skoncentrowany na tym, co robi. Stara się, aby każda jego oferta była najlepiej dopasowana do potrzeb jego klientów. Wykorzystuje przy tym wszystkie swoje zdolności i nabyte kompetencje, które ciągle rozwija. W rozmowach z klientami udziela im wyczerpujących, rzeczowych odpowiedzi. Utrzymuje stały kontakt z tymi, którzy już korzystali z jego usług, a każdą nową osobę traktuje jak potencjalnego stałego klienta. Wspomnę jeszcze, że w pracy jest zawsze punktualnie, jak tylko biuro zostaje otwarte. Zanim się w nim pojawia, dla dobrego samopoczucia, zaczyna dzień od 30-minutowego treningu i śniadania w parku.

"Sukces nigdy nie jest ostateczny. Porażka nigdy nie jest totalna. Liczy się tylko odwaga."
Winston Churchill

27

"Wszystko, co irytuje nas w innych może nas zaprowadzić do zrozumienia samego siebie."
Carl Jung

Co różni Adama i Patryka?

Przede wszystkim to, jak postrzegają siebie.

Patryk ma wysokie, silne i ugruntowane poczucie własnej wartości.

Natomiast Adam niskie, słabe i niestabilne.

Poczucie własnej wartości ma ogromny wpływ na to, co robisz. Jeśli masz niskie poczucie własnej wartości praca, kontakty towarzyskie, miłość, związki, komplikują się bardzo, bardzo mocno.

Niniejszy program terapeutyczny pomoże ci zwiększyć poczucie własnej wartości. Twoja motywacja wzrośnie, a co za

"Sukces nigdy nie jest ostateczny. Porażka nigdy nie jest totalna. Liczy się tylko odwaga."
Winston Churchill

tym idzie wypracujesz nastawienie na osiąganie sukcesu. Bez względu na to, jakiego obszaru życia ma on dotyczyć. Do tego celu wykorzystamy twój ukryty potencjał, który drzemie w części twojego umysłu podświadomego. Poznasz sposoby, dzięki którym zdołasz ukształtować własną pozytywną postawę oraz sprostasz osobistym potrzebom i celom.

Źródła niskiego poczucia własnej wartości

Skąd się bierze niskie poczucie własnej wartości?
Jakie są jego źródła?

Utrata poczucia własnej wartości nie pojawia się nagle w określonym wieku, dwudziestu pięciu, trzydziestu czy czterdziestu dwóch lat.

Utrata poczucia własnej wartości to proces.

Utrata poczucia własnej wartości to proces. Proces, który dla osoby, która ma niskie poczucie własnej wartości przebiega bardzo często w sposób wręcz niezauważalny.

Czy twoje nastawienie do siebie jest bardzo krytyczne?

Czy boisz się podejmować jakieś nowe działania?

A może każdy swój sukces tłumaczysz sobie poprzez określenia typu:
"Po prostu raz mi się udało."
"Zwyczajnie pomylili się co do mojej osoby."
"Wszyscy mogą to robić."

"Wszystko, co irytuje nas w innych może nas zaprowadzić do zrozumienia samego siebie."
Carl Jung

Jeżeli odpowiadasz twierdząco chociażby na jedno z powyższych zagadnień, oznacza to, że proces zaniżania własnej wartości się w tobie dzieje. Bardzo ważne jest tutaj, abyś wiedział, że on nie wziął się znikąd.. To na pewno nie jest przypadek, ponieważ, jak już zapewne wiesz, przypadki nie istnieją. Zaniżanie poczucia własnej wartości ma związek ze zdarzeniami z przeszłości.

Poniżej przedstawię ci główne przyczyny niskiego poczucia własnej wartości.

"Sukces nigdy nie jest ostateczny. Porażka nigdy nie jest totalna. Liczy się tylko odwaga."
Winston Churchill

33

"Wszystko, co irytuje nas w innych może nas zaprowadzić do zrozumienia samego siebie."
Carl Jung

Negatywne "zaprogramowanie"

Negatywne „zaprogramowanie" w przeszłości przez osądzających rodziców. Tak dostrzegam to ja, jak również wskazuje na to wielu innych badaczy w tym zakresie.

Oczywiście większość rodziców jest w pewnym stopniu osądzająca i z pewnością jest to słuszne i konieczne. Należy jednak zwrócić uwagę, który z typów osądzania prowadzi do problemów, gruntowania się niskiego poczucia własnej wartości.

Rodzic, który za każdym razem klasyfikuje poczynania, który decyduje zawsze i wszędzie co jest dobre, a co złe, co jest słuszne, a co niesłuszne, właśnie on odpowiada naszej definicji. Możliwe, że w przeszłości zdarzyła ci się tego typu sytuacja. Otrzymujesz, powiedzmy, sześć ocen dobrych i jedną dostateczną oraz ani jednej bardzo dobrej. Dla rodzica wszystkie te oceny były złe. Na meczu nie strzelasz żadnej bramki i pomimo, że dzięki twojemu podaniu, kolega z drużyny strzela decydującego gola i wasza drużyna zwycięża, jesteś uznany za słabego gracza. Do tego porównany do kolegi, który to potrafi grać lepiej niż ty. Jesteś więc kiepskim graczem, słabym zawodnikiem, nie potrafisz grać w piłkę...

Kolejnym przykładem, w którym możesz odnaleźć przyczynę będzie sytuacja, gdy odbierasz telefon i notujesz wiadomość, aby przekazać ją swojemu rodzicowi. Prowadzisz udaną konwersację z klientem, który jest zadowolony i jest zdecydowany zawrzeć umowę. Ustalasz więc godzinę, w której twój rodzic oddzwoni w celu dopięcia drobnych szczegółów. Zapominasz niestety sprecyzować czy rozmowa odbędzie się o godzinie 18 czasu UK, czy środkowoeuropejskiego. Przez to, w opinii rodzica, zostajesz nieudacznikiem, który nawet nie potrafi umówić prostej rozmowy telefonicznej.

Po wyjściu ze szkoły poszłaś na spacer z koleżankami i świetnie się bawiliście, spędzając wspólnie czas, ciesząc się dobrą, słoneczną pogodą. Kiedy przychodzisz do domu, twoja mama pyta, czy masz odrobione prace domowe. Oczywiście odpowiadasz, że nie. Więc mama podsumowuje: "Jesteś najbardziej leniwym dzieckiem, jakie znam. Jesteś zwykłym leniem". W takiej sytuacji twoja mama mogłaby powiedzieć: "Martwię się, czy poradzisz sobie w szkole. Jest już mało czasu do egzaminów, a one są ważne. Postaraj się odrabiać prace domowe. To pomoże ci przygotować się do egzaminów i z pewnością znajdziesz też czas na spotkania z koleżankami. Wierzę w ciebie". Zamiast tego zostałaś oskarżona, osądzona, a i często bywa, że jest od razu wydawana egzekucja. Tu dostajesz określenie lenia, a w innych okolicznościach możesz otrzymać etykietę: głupia, nikczemna, bez żadnej wartości, niechlujna, niezdarna ...

Mógłbym wymieniać kolejne przykłady, lecz mam na myśli to, że rodzic, który używa jednoznacznych uogólnień, podobnych do tych, jak powyżej, przykleił do ciebie etykiety.

Oczywiście ty doklejasz do siebie następne, własne i zmieniasz je pod wpływem różnych osób. Niestety te etykiety, które są najbardziej krytyczne, są przez nas najskuteczniej wypierane i zapominane. Są one jednak w naszej podświadomości i wpływają na to, jak się postrzegamy, wpływają na nasze poczucie własnej wartości.

"Wszystko, co irytuje nas w innych może nas zaprowadzić do zrozumienia samego siebie."
Carl Jung

W taki sposób został "zakodowany" w tobie osądzający sposób myślenia rodzica. Twój krytyczny dialog wewnętrzny prowadzi cię przez życie na podstawie skrywanych w tobie obaw.

Może się to objawiać na wiele sposobów. Na przykład poprzez lęk przed wykonywaniem codziennych obowiązków, przed dokonaniem zmiany, pomimo tego, że zmiana ta mogłaby przynieść ci wiele dobrego. Możesz się również obawiać zrobienia czegoś nowego.

"Sukces nigdy nie jest ostateczny. Porażka nigdy nie jest totalna. Liczy się tylko odwaga."
Winston Churchill

Obawę przed wykonywaniem codziennych czynności chciałbym ci zilustrować na przykładzie Sławka, już prawie trzydziestoletniego męża oraz ojca, którego praca polega na zatwierdzaniu projektów w dużej firmie informatycznej. Wielość obowiązków i duża odpowiedzialność powodują, że często wraca do domu późnymi wieczorami.

"Wszystko, co irytuje nas w innych może nas zaprowadzić do zrozumienia samego siebie."
Carl Jung

40

Sławek doświadcza silnego stresu w życiu i zaczyna obawiać się samotnej jazdy samochodem po zachodzie słońca. Pomimo, że robi to przez całe swoje życie, odkąd uzyskał prawo jazdy, nigdy dotąd nie miał objawów graniczących z atakami paniki.

Lęk narastał a samopoczucie szło w dół. Kiedy o tym opowiadał, użył następujących słów: "Jakoś źle się czuję. Mam wrażenie, że robię coś bardzo złego." Podczas gdy opowiadał o tej sytuacji, również zaczynał odczuwać wewnętrzny dyskomfort oraz poczucie winy. W trakcie naszego spotkania zaczął wiązać swoje doznania z rodzicami, którzy przez cały okres jego studiów "programowali go" słowami: "Rób tak dalej, a wylądujesz w kostnicy". Sławek miał w zwyczaju zabierać autostopowiczów. Jego rodzice uważali każdego włóczęgę za seryjnego mordercę, który tylko czyha na swoją ofiarę, aby w

"Sukces nigdy nie jest ostateczny. Porażka nigdy nie jest totalna. Liczy się tylko odwaga."
Winston Churchill

41

brutalny sposób pozbawiać życia wszystkich zmotoryzowanych.

Sławek odpierał "program" rodziców, aby móc ukończyć studia. One umożliwiały mu wyrwanie się z rodzinnego domu, który znajdował się na wsi, daleko za miastem. Była to jego droga, jaką wówczas dostrzegał do tego, by rozpocząć życie w miejskim środowisku. To go bardzo pociągało. Niestety w momencie, gdy w pracy i w domu pojawiły się problemy, co wywołało silny stres, zaprogramowany przez rodziców lęk dał o sobie znać, rozsypując jak domek z kart ustabilizowaną sferę emocjonalną. Jednocześnie utracił wiarę w siebie i swoje możliwości, a jego poczucie własnej wartości z dnia na dzień spadało.

Lęk przed niepowodzeniem
oraz sukcesem.

"Sukces nigdy nie jest ostateczny. Porażka nigdy nie jest totalna. Liczy się tylko odwaga."

Winston Churchill

43

Kolejnym z aspektów, który chcę poruszyć jest powód uniemożliwiający podjęcie działania. Jest to lęk przed niepowodzeniem oraz sukcesem. On również jest wynikiem negatywnego programowania. Boisz się, że nie będziesz w stanie czegoś osiągnąć, ponieważ nie zasługujesz na to.

Pojawiać się może w takim przypadku dialog wewnętrzny w rodzaju: "Jeśli odniosę w tej dziedzinie sukces, będę musiał to powtarzać i kontynuować. Jednocześnie będę musiał robić to na coraz wyższym poziomie. Wiem, że każdy sukces niesie ze sobą porażki, a każda z porażek będzie coraz trudniejsza. Ja tego nie zniosę". Wówczas uzyskujesz rozwiązanie, mówiąc sobie: "Wolę poddać się od razu i mieć to już za sobą".

Jeśli oczekujemy ciągłych sukcesów, jest to bardzo uciążliwe i trudne zadanie do wykonania. Wręcz jest to niemożliwe, aby tym wymaganiom sprostać. Co za tym idzie, zarówno lęk przed niepowodzeniem, jak i lęk przed sukcesem, są bardzo do siebie podobne oraz z pewnością hamują rozwój.

"Wszystko, co irytuje nas w innych może nas zaprowadzić do zrozumienia samego siebie."
Carl Jung

"Sukces nigdy nie jest ostateczny. Porażka nigdy nie jest totalna. Liczy się tylko odwaga."
Winston Churchill

Postrzeganie własnej fizyczności, ciała, wyglądu…

Poczucie własnej wartości cierpi również w wyniku tego jak postrzegasz swoją fizyczność, swoje ciało, swój wygląd.

To kolejny powód dlaczego błędnie oceniasz własne możliwości. Jeśli postrzegasz własne ciało, czyli swój wygląd w sposób negatywny, będzie się to przejawiać w twoim działaniu, zachowaniu, opiniach, które wyrażasz lub nie wyrażasz blokując się.

Tu możesz dostrzec swój głos wewnętrzny w stylu: "Powiem to samo co Michał. On jest taki popularny i wszyscy go lubią", "Jestem tu nowa więc i tak moje zdanie nie będzie brane pod uwagę".

Postrzeganie to uwidacznia się także w gestach, mowie twojego ciała.

Co za tym idzie, nie uznajesz swojego ciała i go nie akceptujesz. Zdarza się, że w skrajnych przypadkach, pojawia się nawet nienawiść do własnego ciała. A przecież każdy człowiek ma swojego rodzaju defekty ciała. Należy uznać swoje ograniczenia fizyczne. przeciwstawić się psychicznie wszystkiemu, co mogłoby wydawać się negatywne i prowadzić do postrzegania swojej osoby w złym świetle.

Doskonale obrazuje to następująca historia.

Marek jest schludnym, zadbanym, inteligentnym i bardzo uprzejmym mężczyzną. Jednak ma nadwagę, a wręcz jest otyły. Zawodowo zajmuje się sprzedażą - jest menadżerem i odnosi finansowy sukces. Dba o dietę oraz stosuje się do zaleceń swojego lekarza i dietetyka.

"Sukces nigdy nie jest ostateczny. Porażka nigdy nie jest totalna. Liczy się tylko odwaga."
Winston Churchill

Zarówno lekarz, jak i dietetyk określają przypadek Marka jako skomplikowany, ponieważ mimo, że dostosowuje się on do ich wytycznych, nie uzyskuje oczekiwanych rezultatów i nie może schudnąć.

Marek wewnątrz siebie przeżywa ogromne problemy. Brak rezultatów leczenia i diet oraz to, że on sam uważa się za trudny przypadek, spowodowały, że wpadł w sidła swojego ciała i jest strasznie skrępowany.

Marek chciałby umówić się na randkę. Jednak uważa się za bardzo mało atrakcyjnego mężczyznę i bierze za oczywiste, że żadna kobieta nie będzie nim zainteresowana.

Pomimo, że jest menadżerem, nigdy nie zachowuje się swobodnie w pracy. Każda wymówka jest dla niego dobra, aby unikać kontaktów towarzyskich. Jego zdaniem koledzy tak naprawdę nie chcą z nim utrzymywać kontaktu, zarówno w pracy, jak i po pracy, a ich zaproszenia traktuje jako wyrażane grzecznościowo, by dla zasady nie był pominięty. Czasami nawet uważa, że jest zapraszany z litości. Marek tkwiąc w pułapce swojego ciała wypacza obraz całej swojej osoby.

Kolejną osobą, której historię chcę tu przedstawić, jako doskonały przykład pułapki własnego ciała, jest pięćdziesięciojednoletnia kobieta o imieniu Bożena. Jej postrzeganie siebie jako osoby jest również zniekształcone w wyniku procesu, który tyczy się w nas wszystkich i jest całkowicie naturalny, a mianowicie starzenia się. Bożena pracuje w małej lokalnej telewizji, przygotowuje niesamowite wywiady, które cieszą się ogromną popularnością. Pragnęła, jak sama mówi, małej, własnej działalności online, która będzie dostarczać jej wolności i niezależności finansowej, co z kolei mogłoby pozwolić jej na realizację marzeń. Niestety uważa, że nikt nie będzie zainteresowany informacjami podawanymi przez, jak sama mówi o sobie do koleżanki z pracy, "starą, pomarszczoną kobietę".

Podczas sesji Bożena używa następującego określenia swojej osoby:

"Bądźmy szczerzy, doskonale wiem, jak wyglądam, jaką jestem starą, pomarszczoną ropuchą! Wiem to! Nikt nie będzie oglądał moich wywiadów! Jeśli tylko odejdę z tej pracy, nigdzie już nie znajdę zatrudnienia!"

Tak, brzmi to okropnie, lecz chcę użyć dokładnego określenia, jakie padło z jej ust.

Bożena pozostając w sidłach swojego ciała, widzi siebie jako osobę, która już nie ma najmniejszych szans na poprawienie swojej pozycji zarówno zawodowej, jak i osobistej. Postrzega się jako zmęczoną, starą kobietę, która do tej pory nie zdołała założyć własnej działalności i uważa, że jest to już niemożliwe, więc już niczego nie osiągnie. Bożena ma ogromne doświadczenie w swojej branży. Jest ona uzdolnioną, miłą, czarującą i jednocześnie bardzo atrakcyjną kobietą. Jednak pomimo tak wielu wspaniałych cech, nie potrafiła sama odnaleźć wewnętrznej siły, aby poprawić jakość swojego życia i zacząć realizować własne marzenia, które zapewniłyby jej zarówno satysfakcję zawodową, jak i osobistą.

Zarówno Marek, jak i Bożena skorzystaliby na tym ogromnie dużo, jeśli by tylko podeszli do swoich przekonań, odnoszących się do swojego wyglądu w inny sposób.

"Sukces nigdy nie jest ostateczny. Porażka nigdy nie jest totalna. Liczy się tylko odwaga."
Winston Churchill

Marek miałby znacznie przyjemniejsze życie, gdyby zmienił swoje przekonanie na:

"Jestem bardzo ciepłym i wrażliwym mężczyzną. Jestem inteligentny oraz lojalny. Mogę te cechy mojej osoby ofiarować innym. Jeśli dam szansę ludziom, aby być poznanym, wiele osób będzie zwracało uwagę na to, jaki jestem, a nie jak wyglądam".

"Wszystko, co irytuje nas w innych może nas zaprowadzić do zrozumienia samego siebie."
Carl Jung

Bożena mogłaby nabrać wiatru w żagle, gdyby tylko zamieniła swój dialog wewnętrzny na:

"Ilość lat, jakie przeżyłam, dało mi wiele umiejętności, takich jak zdolności organizacyjne, umiejętność efektywnego porozumiewania się oraz podtrzymywania ekscytujących rozmów. Wiele osób poszukuje takich ludzi jak ja, z moim doświadczeniem, dzięki któremu mogą się inspirować i rozwijać. Mój pomysł na własną działalność jest jak najbardziej realny".

"Sukces nigdy nie jest ostateczny. Porażka nigdy nie jest totalna. Liczy się tylko odwaga."
Winston Churchill

Taką pozytywną postawę wobec siebie można uzyskać w wyniku samoakceptacji, a co za tym idzie, trzeba zaakceptować swoją fizyczną część. Proces ten pozwala przekierować własną uwagę na swoje inne pozytywne cechy umysłowe takie jak: kwalifikacje, właściwości emocjonalne, towarzyskie.

Historie Marka i Bożeny jasno pokazują, jak brak akceptacji swojej fizycznej części prowadzi do zaniżania poczucia własnej wartości. Jednak akceptacja swojego ciała nie wystarczy. Akceptacja powinna się również rozszerzyć na to, co w życiu zostało przez ciebie zrobione.

Kiedy analizujesz swoje własne działania, **musisz** powiedzieć sobie:

"Cokolwiek zrobiłem/zrobiłam, wszystkie moje działania stanowiły rezultat tego, kim byłem/byłam w danym momencie mojego życia".

To, w jaki sposób obecnie działasz, jak żyjesz, jest wynikiem twojej przeszłości, kultury oraz przekonań i nawyków, jakie się w tobie ugruntowały. Taką osobą jesteś w danym momencie

"Wszystko, co irytuje nas w innych może nas zaprowadzić do zrozumienia samego siebie."
Carl Jung

swojego życia. Każda jedna decyzja stanowi sumę twojej świadomości i chwili, w jakiej się znajdujesz.

Twój wewnętrzny krytyk, tyran samodegradacji opuszcza cię, a ty zyskujesz poczucie przyjemnej swobody i wolności w codziennym życiu. Dzieje się tak w każdej chwili, gdy tylko akceptacja staje się twoim czynnikiem struktury psychologicznej, a negatywne programy z przeszłości zostają usuwane.

Weź teraz kartkę papieru lub wykorzystaj puste pole poniżej i napisz kilka razy:

"Sukces nigdy nie jest ostateczny. Porażka nigdy nie jest totalna. Liczy się tylko odwaga."
Winston Churchill

"Cokolwiek zrobiłem/zrobiłam, wszystkie moje działania, stanowiły rezultat tego, kim byłem/byłam w danym momencie mojego życia".

=

=

=

=

=

=

=

=

=

"Wszystko, co irytuje nas w innych może nas zaprowadzić do zrozumienia samego siebie."
Carl Jung

=

=

=

=

Twoje nowe, zdrowe poczucie własnej wartości

Czas przygotować twój nowy program.

Twój nowy główny cel.

Nie tylko na dziś czy na jutro, na przyszły tydzień, czy na najbliższy miesiąc, lecz już na stałe. Jednym z najbardziej skutecznych sposobów na osiągnięcie twojego celu jest przeprogramowanie twojej podświadomości. Właśnie w tym celu będziemy stosować piękne narzędzie psychoterapeutyczne, jakim dysponuje każdy człowiek, a mianowicie stan transu hipnotycznego. Oczywiście każdy człowiek ma różną podatność hipnotyczną, jednak nie zmienia to faktu, że każdy z nas ulega temu zjawisku w indywidualny dla siebie sposób.

Musisz tylko postępować według następujących etapów:

- usunąć negatywne "zaprogramowanie" z przeszłości,

"Sukces nigdy nie jest ostateczny. Porażka nigdy nie jest totalna. Liczy się tylko odwaga."
Winston Churchill

- udoskonalić postrzeganie siebie,

- wzmocnić wiarę w siebie i udoskonalić samoakceptację,

- zmienić swoje nastawienie do otaczających cię problemów.

"Wszystko, co irytuje nas w innych może nas zaprowadzić do zrozumienia samego siebie."
Carl Jung

Usuń negatywne "programy" z przeszłości.

Zwróć teraz uwagę na wszystkie rodzicielskie, osadzające epitety takie jak: niezdara, gapa, głupek, zły, czy jakiekolwiek inne i pozbądź się ich. Musisz postrzegać siebie pozytywnie! Zrzuć to z siebie. Zrzuć ze swojej podświadomości ciężar przytłaczającej cię krytyki!

W nagraniu do hipnozy, które jest integralną częścią tego programu terapeutycznego, zawarte są sugestie, które twoja podświadomość przyjmie, gdy tylko ty się zrelaksujesz i odprężysz w wyniku indukcji hipnotycznej:

W swojej wyobraźni spójrz na kartkę z nieprzyjemnymi etykietami, którymi obdarzano cię w przeszłości. Etykietami, które cię hamowały i osłabiały w ujawnianiu się twoich wspaniałych, silnych i dobrych cech. Teraz zobacz te etykiety zapisane na kartce. Spójrz na każdą z nich. Weź tę kartkę i porwij ją na strzępy, na małe kawałki, po prostu je usuwasz. Usuń je stamtąd. Poczuj jak się od nich uwalniasz. Uwalniasz się od każdej z nich.

Postrzegaj siebie
w bardzo dobrym świetle.

"Sukces nigdy nie jest ostateczny. Porażka nigdy nie jest totalna. Liczy się tylko odwaga."
Winston Churchill

61

Gdy będziesz w transie hipnotycznym, zostaniesz poddany sugestiom, budującym twoją pewność siebie:

Wyobraź sobie, jak rozmawiasz ze współpracownikami, przełożonymi lub podwładnymi. Jesteś człowiekiem pewnym siebie, bardzo, bardzo pewnym siebie. Jesteś osobą pewną swoich możliwości, bardzo pewną. Pewną swojej poprawności, swoich talentów, swojego uroku. Łatwo ci się rozmawia z innymi. Słowa płyną swobodnie. Ludzie są zainteresowani tym, co masz do powiedzenia. Dostrzegają cię. Poważają i postrzegają jako wspaniałego człowieka.

Wzmocnij samoakceptację
i wiarę w siebie.

Kolejnym etapem w budowaniu nowego, zdrowego poczucia własnej wartości jest wzmocnienie samoakceptacji i wiary w siebie, swoje możliwości. W tym celu twoja podświadomość przyjmie następujące sugestie:

Wyobrażać sobie, jak stoisz prosto. Twoja klatka piersiowa jest wypięta, głowa uniesiona wysoko. Czujesz dumę z tego, kim jesteś. Jesteś osobą pewną siebie. Wartościową. Ważną. Zdolną i zręczną. Postrzegasz siebie jak najbardziej pozytywnie. Odczuwasz silną stanowczość i pewność siebie. Przez chwilę zastanów się nad wszystkimi pozytywnymi aspektami swojej osobowości: nad swoją kreatywnością, inteligencją i swoimi talentami.

"Wszystko, co irytuje nas w innych może nas zaprowadzić do zrozumienia samego siebie."
Carl Jung

64

Zmień nastawienie
do otaczających cię problemów.

"Sukces nigdy nie jest ostateczny. Porażka nigdy nie jest totalna. Liczy się tylko odwaga."
Winston Churchill

65

Usunąłeś już negatywne programy z przeszłości, zaczynasz widzieć siebie w pozytywnym świetle, wzmacniasz swoją samoakceptację i wierzysz w siebie, teraz więc zacznij zmieniać swoje nastawienie do otaczających cię problemów. Postępuj zgodnie z niżej opisanymi wskazówkami, sugestiami.

Myśl o problemach w sposób:

- *"Mogę to zrobić",*
- *"Mam dużo energii",*
- *"Nadaje się do tej pracy",*
- *"Mogę się tego podjąć",*
- *"Potrafię to rozwiązać".*

Od teraz jesteś człowiekiem pewnym siebie, zdolnym, utalentowanym i pełnym uroku. Dbasz o siebie, dbasz o siebie. Uwalniasz się od negatywnych myśli i uczuć. Wypełniasz swój umysł pozytywnymi pomysłami, wartościowymi celami.

Ważne jest to, aby przestać rzucać sobie kłody pod nogi. Musisz zmienić sposób, w jaki patrzysz na problemy, jak również swoje reakcje. Od dziś, od teraz, zawsze, gdy chcesz powiedzieć sobie:

"Nie potrafię tego zrobić. Nie jestem na tyle mądrym człowiekiem, aby to zrozumieć. Nie mam tyle energii. W tym wieku to niemożliwe. Na pewno się nie zmienię".

"Wszystko, co irytuje nas w innych może nas zaprowadzić do zrozumienia samego siebie."
Carl Jung

Zamień ten dialog kierując go w pozytywnym kierunku. Powtarzaj sobie:

"Mogę to zrobić",
"Mam dużo energii",
"Nadaje się do tej pracy",
"Mogę się tego podjąć",
"Potrafię to rozwiązać".

Zapisz sobie te sugestie i za każdym razem, gdy "przyłapiesz się" na tym, jak powtarzasz sobie coś negatywnego, zamień ten dialog na pozytywny, bez chwili zwłoki.

Wykonaj poniższe ćwiczenie.

W tabeli na następnej stronie napisz wszystkie negatywne określenia na swój temat, jakie używasz. Natomiast w tabeli po prawej stronie napisz przeciwieństwo do tych negatywnych określeń, czyli twoje nowe pozytywne określenia. Zastosuj zasady analogicznie jak zaproponowałem powyżej.

"Sukces nigdy nie jest ostateczny. Porażka nigdy nie jest totalna. Liczy się tylko odwaga."
Winston Churchill

Negatywne myśli i przekonania (-)	Pozytywne myśli i przekonania (+)

Jeśli powyższa tabela jest za krótka, użyj dodatkowych kartek.

Następnie przekreśl wszystkie negatywne określenia z intencją: "Usuwam je, usuwam to".

"Wszystko, co irytuje nas w innych może nas zaprowadzić do zrozumienia samego siebie."
Carl Jung

Przyjemne zadanie…

Teraz już wiesz jak możesz wzmacniać poczuci własnej wartości poprzez zastosowanie hipnozy.

Na tym etapie masz do wykonania bardzo przyjemne zadanie. Pobierz nagranie do hipnozy w formacie mp3. Możesz też stosować odtwarzacz online, do którego masz stały dostęp. Jednak proponuję, aby pobrać nagranie. To wyeliminuje trudności, jakie możesz napotkać przy choćby chwilowym braku internetu lub słabym łączu.

Nagranie znajdziesz na stronie internetowej:
https://programy.terapiairelaks.com/

Poddawaj się hipnozie codziennie przez 45 dni. Według badaczy zjawiska hipnozy jest to czas, jaki potrzebujemy, aby w naszej podświadomości zostały dokonane zmiany. Osobiście zgadzam się z tym stanowiskiem.
Często również przyjmuje się, że średni czas wprowadzania zmian w podświadomej części naszego umysłu wynosi cztery tygodnie. Natomiast minimalny czas to jedna sesja hipnozy.

Podziel się ze mną swoimi spostrzeżeniami. Ciekaw jestem w jakim czasie zmiany dokonały się u ciebie?
Mój e-mail: pawel.psychoterapia@gmail.com.
W każdej chwili, gdy tylko poczujesz potrzebę wzmocnienia tych obszarów, możesz powrócić do stosowania hipnozy. Nawet, gdy już zauważysz znaczną zmianę w postrzeganiu siebie, w swoim poczuciu własnej wartości i pewności siebie.

"Wszystko, co irytuje nas w innych może nas zaprowadzić do zrozumienia samego siebie."
Carl Jung

Jeśli z jakiegoś powodu...

Jeśli z jakiegoś powodu nie chcesz lub nie możesz, stosować nagrania do hipnozy postępuj według poniższej propozycji.

Codziennie, bezpośrednio po przebudzeniu i przed zaśnięciem, czytaj specjalnie przygotowany tekst.

Wiedz przy tym, że dla osiągnięcia najlepszych efektów tego ćwiczenia musisz być odprężony, zrelaksowany. W tym celu (w celu osiągnięcia stanu odprężenia i relaksu) możesz zastosować trening autogenny Schultza, który jest bezpłatnie dostępny na stronie internetowej: https://programy.terapiairelaks.com/
Jego zastosowanie wprowadzi cię w stan wewnętrznej medytacji i znacznie ułatwi przyjmowanie sugestii.

Zaczynamy!

Połóż się wygodnie i zacznij relaksować swoje ciało.
Pomyśl o rozluźnieniu wszystkich mięśni, zaczynając od czoła.

Gdy już poczujesz się lekko i swobodnie, czytaj poniższy tekst.

Pozwalam tym pozytywnym doznaniom wzmacniać się coraz bardziej i bardziej, razem z dobrym samopoczuciem. A za każdym razem, kiedy czytam ten tekst, jestem w stanie zrelaksować się coraz głębiej, głębiej i głębiej.

Mimo stresu i napięcia, które może pojawiać się w moim życiu, mogę teraz zachować spokój, odprężenie, opanowanie i zdolność odpierania stresu i napięcia oraz trzymam je od siebie z daleka. Po prostu je odpieram i trzymam z dala od siebie.

Te pozytywne uczucia pozostaną ze mną i jeszcze bardziej się wzmocnią w ciągu kolejnych, dni, kiedy ja będę nadal głębiej i głębiej się odprężać.

W wyobraźni swojej patrzę na kartkę z nieprzyjemnymi etykietami, którymi obdarzano mnie w przeszłości. Etykietami, które mnie hamowały i osłabiały w ujawnianiu się moich wspaniałych, silnych i dobrych cech. Teraz patrzę na te etykiety zapisane na kartce, patrzę na każdą z nich.

Teraz biorę te kartki z etykietami i rwę je na strzępy, na małe kawałki. Po prostu je usuwam, usuwam je stamtąd. Czuję jak się od nich uwalniam, uwalniam się od każdej z nich. Pozostały już tylko czyste kartki, czyste i mogę na nich napisać wszystko, cokolwiek tylko zechcę.

Biorę długopis lub ołówek i piszę prawdziwe, moje słowa określające mnie.

Piszę: "Jestem osobą pewną siebie, wartościową, ważną, zdolną i zręczną".

A teraz piszę jeszcze inne pozytywne określenia mojej osoby.

Patrzę na te słowa.

Zaczynam właśnie teraz wyobrażać sobie, jak stoję prosto. Moja klatka piersiowa jest wypięta, głowa uniesiona wysoko, czuję dumę z tego kim jestem. Jestem w porządku. To, jak

"Sukces nigdy nie jest ostateczny. Porażka nigdy nie jest totalna. Liczy się tylko odwaga."
Winston Churchill

73

wyglądam, jak działam i myślę, to wszystko jest dobre i składa się na wspaniałego człowieka, którym jestem. Wyobrażam sobie, jak wypełnia mnie nowa, zdrowa energia, która pomaga mi dokonać wszystkiego, czego chcę i czego muszę dokonać. Przez chwilę zastanawiam się nad wszystkimi pozytywnymi aspektami mojej osobowości: nad swoją kreatywnością, inteligencją i swoimi talentami.

Ludzie postrzegają mnie jako dobrego przyjaciela, dobrego pracownika, dobrego człowieka. Dostrzegam samego siebie jako wartościową i dobrą osobę.

Wyobrażam sobie, jak rozmawiam ze współpracownikami, przełożonymi lub podwładnymi. Jestem człowiekiem pewnym siebie, bardzo, bardzo pewnym siebie. Jestem osobą pewną swoich możliwości, bardzo pewną, pewną swojej poprawności, swoich talentów, swojego uroku. Łatwo mi się rozmawia z innymi. Słowa płyną swobodnie. Ludzie są zainteresowani tym, co mam do powiedzenia, dostrzegają mnie i poważają jako wspaniałego człowieka. Postrzegam siebie jak najbardziej pozytywnie, odczuwam silną stanowczość i pewność siebie.

Podchodzę do problemów, myśląc:
- *"Mogę to zrobić",*
- *"Mam dużo energii",*
- *"Nadaje się do tej pracy",*
- *"Mogę się tego podjąć",*
- *"Potrafię to rozwiązać".*

"Wszystko, co irytuje nas w innych może nas zaprowadzić do zrozumienia samego siebie."
Carl Jung

74

Od teraz jestem człowiekiem pewnym siebie, zdolnym, utalentowanym i pełnym uroku.

Dbam o siebie, dbam o siebie. Uwalniam się od negatywnych myśli i uczuć. Wypełniam swój umysł pozytywnymi pomysłami, wartościowymi celami. Cieszę się swoim życiem i patrzę na życie jak na przygodę.

Przed snem dodaj:

Teraz zasypiam, zasypiam, zasypiam.

A wszystkie te pozytywne autosugestie utrwalają się we mnie, gdy ja zasypiam, zasypiam, zasypiam. Śpię zdrowym regenerującym snem i budzę się o wyznaczonej porze rześki, wypoczęty, zrelaksowany jak po bardzo długim odpoczynku.

Teraz zasypiam, zasypiam, zasypiam.

O poranku dodaj:

Teraz wstaje, budzę się i zaczynam wspaniały dzień.

Wszystkie te pozytywne autosugestie się utrwalają we mnie podczas tego i każdego kolejnego dnia.

Rób to ćwiczenie codziennie przez kilka tygodni. Osiągniesz wtedy najlepsze efekty, a zmiany jakie w tobie zajdą utrwalą się.

Podziel się ze mną swoimi spostrzeżeniami. Ciekaw jestem w jakim czasie zmiany dokonały się u ciebie?

Mój e-mail: pawel.psychoterapia@gmail.com.

Dziękuję.

"Sukces nigdy nie jest ostateczny. Porażka nigdy nie jest totalna. Liczy się tylko odwaga."
Winston Churchill

Cieszę się, że mogę ci pomóc poprzez udział w programie psychoterapeutycznym, który przygotowałem z myślą o tobie, o ludziach takich jak ty. https://programy.terapiairelaks.com/

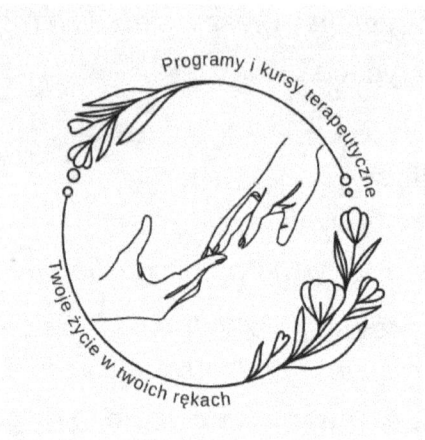

Warto również...

Jeśli jesteś w tym miejscu, oznacza to, że chcesz dokonać więcej pozytywnych zmian w swoim życiu. Dlatego proponuję ci udział w warsztatach psychoterapeutycznych:

Warsztaty terapeutyczne - kierunek pozytywnych zmian
Z całą pewnością znajdziesz tam coś dla siebie, udoskonalisz siebie. Więcej informacji znajdziesz na stronie:
https://warsztaty.terapiairelaks.com/

"Wszystko, co irytuje nas w innych może nas zaprowadzić do zrozumienia samego siebie."
Carl Jung

Jesli możesz dołącz jako wolontariusz lub dokonaj wsparcia fundacji lub organizacji non-profit:

https://fundacja.terapiairelaks.com/

https://hwl.terapiairelaks.com/

Co dalej?

"Sukces nigdy nie jest ostateczny. Porażka nigdy nie jest totalna. Liczy się tylko odwaga."
Winston Churchill

77

Po okresie 45 dni, kiedy już umocnisz poczucie własnej wartości, możesz rozpocząć pracę nad zwiększeniem motywacji.

Zauważ, że słowa "zwiększenie motywacji" zawiera w sobie to, co już w pewnym stopniu odczuwasz - chęć do działania, osiągnięcia sukcesu. Psycholog Abraham Maslow opisał poziomy, na których ludzie są motywowani. Rozciągają się one począwszy od potrzeb fizjologicznych do psychologicznych Warto znać i korzystać z tego schematu.

Model Maslowa bardzo często przedstawiany jest w postaci piramidy złożonej z pięciu poziomów:

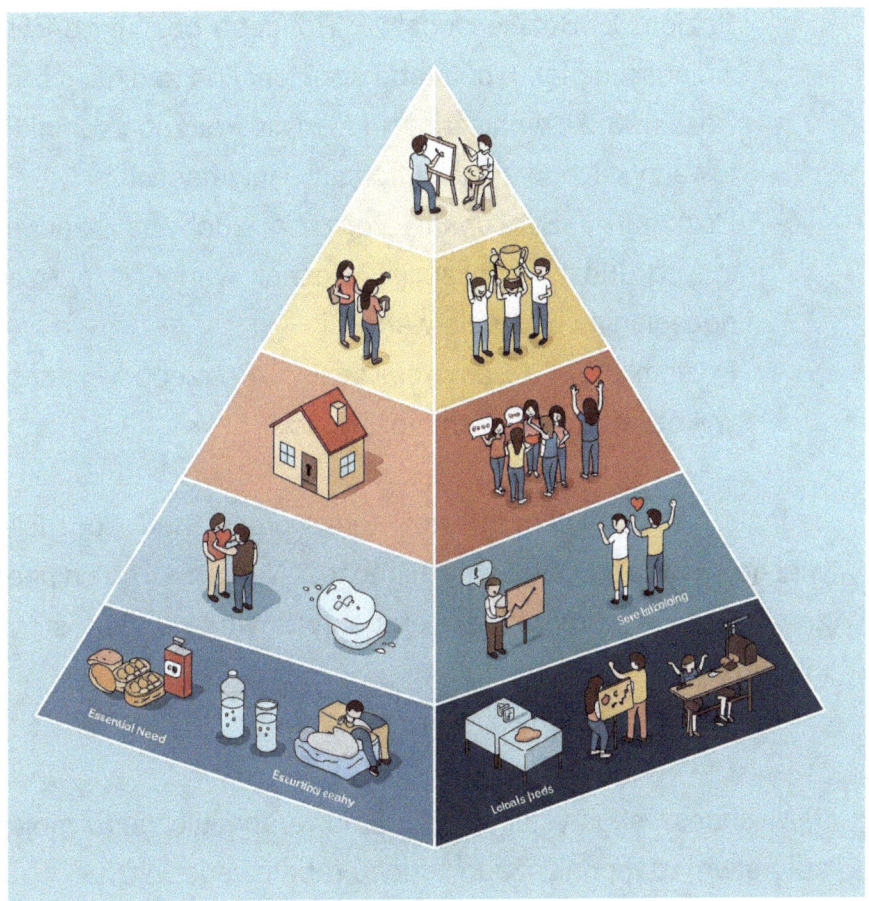

- Poziom 1. Fizjologiczny: Potrzeba jedzenia, picia, snu i seksu.

  (Należy również pamiętać o świetle dziennym i powietrzu. Na szczęście mamy to zapewnione, żyjąc na naszej planecie. Jednak, aby utrzymać właściwy stan przyjemnego nastroju, należy pamiętać o aktywności fizycznej - właśnie często do uprawiania sportu brakuje nam motywacji).

"Sukces nigdy nie jest ostateczny. Porażka nigdy nie jest totalna. Liczy się tylko odwaga."
Winston Churchill

- Poziom 2. Bezpieczeństwa: Potrzeba bezpieczeństwa, wolności od lęku, potrzeba struktury i porządku.
- Poziom 3. Przynależności i miłości: Potrzeba kontaktów towarzyskich, przyjaciół, rodziny i intymności.
- Poziom 4. Szacunku: Potrzeba zdobycia szacunku innych ludzi i poczucia własnej wartości, potrzeba docenienia i poczucia wartości.
- Poziom 5. Samorealizacji: Potrzeba rozwoju, wykorzystania swoich możliwości.

Jednak nie wszystko na raz, teraz pracuj nad poczuciem własnej wartości stosując hipnozę. Nagranie do hipnozy znajdziesz w programie terapeutycznym na tej stronie internetowej:

- https://programy.terapiairelaks.com/

Jeśli chcesz skorzystać z programu terapeutycznego mojego autorstwa, użyj poniższego kuponu rabatowego: -20%.

Kod rabatowy:
Jestem-wspaniałym-człowiekiem

Pozdrawiam
Paweł

Kilka słów o autorze

"Sukces nigdy nie jest ostateczny. Porażka nigdy nie jest totalna. Liczy się tylko odwaga."
Winston Churchill

81

"Liczy się człowiek"

Jak sięgam pamięcią, zawsze fascynował mnie człowiek, jego zachowanie, to w jaki sposób myśli o otaczającej go rzeczywistości, co czuje i jak funkcjonuje w relacjach z innymi. Ludzie mają dla mnie wartość nadrzędną. Stąd też zrodziła się moja pasja do psychologii oraz chęć zrozumienia ludzkich potrzeb i zachowań.

Z początku interesowałem się psychologią biznesu i już jako 19-latek zdobywałem i rozwijałem swoje umiejętności prowadząc własną działalność. Wspominam ten czas bardzo dobrze i uważam, że to właśnie praca w tzw. biznesie daje człowiekowi twardą szkołę życia. Jednak mimo sukcesów zawodowych, wciąż miałem potrzebę poszukiwania tego, co przyniesie mi poczucie wewnętrznej satysfakcji i spełnienia. I tak rozpocząłem swoją nową podróż w kierunku pomagania innym.

Jako psychoterapeuta i hipnoterapeuta towarzyszę moim pacjentom w procesie poznawania siebie, odnajdywania osobistych celów i wartości, pomagam w kryzysie i wspieram w pokonywaniu lęków. W swojej pracy stosuję głównie podejście poznawczo-behawioralne z zastosowaniem hipnozy, czerpiąc również inspirację z terapii dialektyczno-behawioralnej oraz terapii schematów. Jestem autorem programów terapeutycznych i współorganizatorem warsztatów terapeutycznych organizowanych w różnych krajach Europy.

"Wszystko, co irytuje nas w innych może nas zaprowadzić do zrozumienia samego siebie."
Carl Jung

Prywatnie jestem spełnionym ojcem i osobą ciekawą świata. Uwielbiam podróże, campingi, a przyroda stanowi dla mnie źródło życiodajnych sił.

"Sukces nigdy nie jest ostateczny. Porażka nigdy nie jest totalna. Liczy się tylko odwaga."
Winston Churchill

83